Inhalt

Vorfrühling

1	Winterling	*8*
2	Zyklamen	*11*
3	Seidelbast	*13*

Frühling

4	Rhododendron	*18*
5	Tränendes Herz	*21*
6	Petersilie	*24*
7	Maiglöckchen	*26*

Sommer

8	Goldregen	*31*
9	Rose	*34*
10	Fingerhut	*37*
11	Mutterkorn	*40*
12	Eisenhut	*43*
13	Schwarzer Nachtschatten	*46*
14	Tollkirsche	*49*
15	Buchsbaum	*51*
16	Zaunrübe	*54*

Herbst

17	Grüner Knollenblätterpilz	*58*
18	Faltentintling	*61*
19	Fliegenpilz	*64*
20	Eibe	*66*
21	Herbstzeitlose	*68*
22	Wein	*71*

Winter

23	Muskatnuss	*76*
24	Paternostererbse	*79*
25	Bittere Mandel	*81*
26	Christrose	*83*
27	Pfaffenhütchen	*85*
28	Stechpalme	*87*
29	Amaryllis	*90*
30	Hanf	*92*

Über die Autorin   *95*

Für Tante Sophie

Vorfrühling

Der Winterling

Wenn der Winterling erwacht, muss er den Eindruck haben, er sei die einzige Blume auf der ganzen Welt. Rund um ihn herum nur totes Laub, kahle Gehölze, Minustemperaturen und hie und da mal ein Schneeglöckchen. In diese Welt hinein blüht der Winterling. Ein Einzelgänger ist er trotzdem nicht, denn er hat Familie. Mit der bildet er einen Teppich aus kleinen gelben Blüten mit lustigen Blattmanschetten drum herum. Weil er aber so klein ist und seine Blüte nur im Sonnenschein öffnet, sehen wir ihn, wenn überhaupt, meist nur als einen Tupfen Frühlingsgrün im nassen Matsch. Uns, die wir den Sommer und damit Gärten voller Rosen und schattige Wälder kennen, kann ein Winterling nicht übermäßig beeindrucken. Für ihn selbst dagegen besteht sein Leben aus lauter Superlativen: Er ist der Erste, der Gelbste und der Grünste, der Größte und von der Sonne Verwöhnteste, der Attraktivste für alle Bienen, der Duftendste, Fruchtbarste und der Gefährlichste. Tatsächlich hat der Winterling zwei Eigenschaften, die ihm auch im Sommergarten Beachtung einbringen würden: Er duftet sehr angenehm, frisch wie ein Stiefmütterchen, intensiv und weit tragend, allerdings eben nur im Sonnenschein. Und er ist, auch ohne Sonne, höchst giftig. Vor allem der unterirdische Teil, sein Rhizom. Dieses Gift ist bei uns weitgehend unbekannt. Bis auf ein paar Begebenheiten mit verendetem Weidevieh kennen wir keine tödlichen Fälle, auch hier befindet sich der Winterling zu weit unterm Radar. Von einer langen mörderischen Kulturgeschichte, wie sie etwa die Tollkirsche besitzt, ist er weit entfernt.

Ich glaube, der Winterling ist einer, der vom Sommer träumt. Und das mit großer Intensität, mit der Ahnung von Wärme und Farben, von Fröhlichkeit und dem Wissen, worauf es ankommt. Nicht jede Pflanze kann so wunderbaren Duft erzeugen und auf frostigem Boden ein lichter Frühlingsgarten sein. Leider aber ist es zu heiß für ihn, wenn die Party im Sommer wirklich losgeht. Dann muss er sich gifterfüllt in die Erde zurückziehen. Weil er der Größte eben nur im Winter sein kann.

Das Zyklamen
alias Alpenveilchen

Wir kennen es als Saisonware, um nicht zu sagen: als Wegwerfpflanze. Für die meisten ist es nur ein getopfter Blumenstrauß, grellfarbig, billig produziert, in jedem Supermarkt zu haben. Tausende davon werden auf unseren Fensterbänken dem Winter als Abwehrzauber vorgehalten, dann aber im wirklichen Frühling doch entsorgt. Ein trauriges Schicksal? Vielleicht.

Eventuell ist es aber auch nur eine Tarnidentität.

Denn dieses Gewächs ist ein Grenzgänger, ein Wesen, das viele Namen hat und sein Leben in Übergangsstadien verbringt. Seine platte, scheibenförmige Knolle liegt auf der Erdkrume, halb im Boden, halb in der Luft, haargenau zwischen den Elementen. Schon sein gebräuchlichster Name,

Alpenveilchen, ist eine Täuschung, denn eigentlich ist es kein Veilchen, sondern eine Primel, und es wächst nur sehr vereinzelt in den Alpen. Außerdem heißt die Pflanze noch »Saubrot«, weil ihre Knolle beliebt bei Wildschweinen ist. Aber auch dieser Name ist trügerisch, denn die Knolle ist in Wahrheit giftig und wird wirklich nur von Schweinen vertragen. Überhaupt ist das Gift des Zyklamens nicht sehr bekannt, aber unglaublich effizient. Wenn es in die Blutbahn gelangt, ist man verloren. Keine Substanz wirkt so auflösend. Darum wurden die Knollen früher als Tollköder benutzt. Wenige Stücke davon, zerhackt oder aufgebrochen in ein ruhiges Gewässer geworfen, betäuben dort alle Fische, die dann einfach von der Oberfläche abgesammelt werden können.

So. Wenn das aber alles nur Tarnidentitäten sind, wo ist dann die echte? Gibt es die überhaupt? Oder ist wie bei einem Geheimagenten außer den Waffen alles gelogen?

Ich weiß es nicht. Aber ein ganz alter Name des Zyklamens lautet Erdnabel. Das ist für mich der schönste. Denn er hört sich ein bisschen so an, als ob unser Globus sich in jeder dieser seltsamen Knollen spontan einen Mittelpunkt schaffen könnte. Und vielleicht tut er das ja ab und zu. Aus irgendwelchen universalen Weltlenkungsgründen.

Am Ende sogar auf meiner Fensterbank.

Der Seidelbast

Manchmal, wenn ich so eine Giftliste lese, frage ich mich, wie bestimmte Aussagen zustande kommen. Beispiel: »Das Gift der Rinde kann auch über die Haut aufgenommen werden.« Einem solchen Eintrag müssen doch

Fälle vorangegangen sein, bei denen sich Leute ebendiese Rinde auf die Haut gepappt haben, und da fragt man sich, wie die darauf gekommen sind. Schließlich ist es kein zwingender menschlicher Impuls einer Giftpflanze gegenüber, ihr die Rinde abzuschälen und sie auf die Haut zu legen. Mit Tollkirsche und Eibe machen wir das nicht. Wieso also mit dem Seidelbast?

Der Seidelbast ist eine hochgiftige, aber sympathische Pflanze. Fiese Mordgeschichten hört man von ihm kaum. Er blüht sehr früh – im März ungefähr –, er duftet gut und produziert große Mengen Nektar für die ersten Schmetterlinge und Bienen. Seine Blüten sitzen am Stamm, und das ist vermutlich der Grund dafür, dass die Rinde des Seidelbastes so besonders ist. Der »Bast« im Namen weist auch darauf hin, wofür sie hier in Mitteleuropa einmal verwendet wurde: zur Faserherstellung. In Asien wird heute noch ein außergewöhnlich haltbares Papier, das Lokta, aus der Rinde einer Seidelbastart hergestellt, die im Himalaya wächst. Dort existieren uralte buddhistische Schriften auf Lokta-Papier, und nepalesische Behörden verwenden nach wie vor nur Lokta für wichtige Dokumente. Es ist unter anderem deshalb so haltbar, weil das enthaltene Toxin die Verarbeitung zu Papier übersteht und Mäuse und Insekten für Jahrhunderte fernhält. Da das Gift auch Bakterien tötet, gibt es Leute, die sich Lokta-Papier auf eine Wunde legen, um sie zu desinfizieren. Über diese Volte hat es dann wohl die Info mit der Wirkstoff-Hautaufnahme in die Giftliste geschafft.

Besonders schön ist aber, dass Seidelbastgift traditionell nicht zum Töten, sondern zum Bewahren von Kultur benutzt wird. Vielleicht sollten auch wichtige Beiträge zur einheimischen Giftpflanzenkunde wie dieses Buch künftig auf Lokta gedruckt werden, damit sie der Nachwelt erhalten bleiben.

Frühling

Der Rhododendron

Er steht wie ein Dealer in düsteren Ecken rum, auf alten Friedhöfen, in großen Parks. Ausbreitungsdrang hat er auch, manche nennen es Killerinstinkt: In einigen Ländern gilt er als Ärgernis und Gefahr. Außerdem produziert der

Rhododendron einen merkwürdigen Wirkstoff, der sich im Nektar konzentriert, sodass sein sortenreiner Honig tatsächlich zu einem Rauschmittel oder tödlichen Gift werden kann.

Dieser Honig wird heute noch an der Schwarzmeerküste und in Nepal geerntet und ist vermutlich eine der ältesten Drogen der Welt. Seine Wirkung ist leicht euphorisierend (kann am Zucker liegen) und einschläfernd, außerdem erzeugt er Übelkeit. Der vermutlich früheste bekannte Tollhonig-Konsument war der Titan Kronos, der laut der Sage genau diese Symptome zeigte, als er von seinem Sohn Zeus mit Honig betäubt und dazu gebracht wurde, die zuvor von ihm verschlungenen Kinder Hestia, Demeter, Hera, Hades und Poseidon wieder auszuspucken.

Nun ist die Drogenkarriere eher Nebensache in Kronos' Leben, eigentlich war er Herrscher über das Goldene Zeitalter. Und das war auch ohne Rauschmittel eine entspannte Ära. Leben in Frieden, wenig Besitz, Flusspferde im Fluss, Schlafen unterm Sternenhimmel ... So eine Zeit gab es wirklich mal in Europa, das war die letzte Warmzeit vor der unseren. Und wie der Zufall so will, wuchsen damals hier besonders viele Rhododendren. Die haben sich nämlich in genau diesem Äon über ganz Europa bis hin nach Lappland ausgebreitet. Möglicherweise ist unsere ganze antike Gartenparadiesmystik eine sehr alte Erinnerung an dieses Leben. Oder doch nur ein Wunschbild aus einem Honigrausch. Wer weiß das schon.

Das Schönste am Rhododendron ist jedenfalls für mich, dass er im Frühjahr gar nicht anders kann, als in Farbe zu explodieren. Sein ganzer Ernst, alle Melancholie nützen ihm nichts, wenn die Blüte kommt und er plötzlich grellbunt dasteht. Das ist hinreißend. Zwar fällt er danach schnell in seine graugrüne Friedhofslethargie zurück, aber er hat eben doch Stil und Kraft. Vielleicht, weil er nicht nur den Rausch, sondern auch das echte Paradies kennt.

Das Tränende Herz

Als ich klein war, verriet mir mein Opa ein Geheimnis. Er zeigte mir, dass in den Blüten der Tränenden Herzen zwei köstliche Tropfen Nektar sitzen, die man einfach ablecken kann. Diesen Nektar findet man, wenn man die beiden oberen rosa Blütenblätter vorsichtig zurückzieht, sodass die weiße Innenkonstruktion der Blüte herausgeschoben wird. Und dort am Blütenboden, wo alles zusammengewachsen ist, sitzt in zwei Zwickeln jeweils ein süßer, glänzender Tropfen. Natürlich ernten auch Insekten diesen Saft, weswegen man ihn nur in jungen Blüten findet. Am besten nimmt man diejenigen, bei denen die Enden der rosa Blütenblätter noch nicht ganz nach oben umgebogen sind, sondern gerade so zur Seite abstehen. Dann ist die Blüte reif.

Die süßen Tropfen in den Tränenden Herzen sind eine meiner schönsten Erinnerungen an meinen Großvater. Er zeigte mir noch viel eindrucksvollere Naturphänomene, aber nichts war für mich als kleines Kind so wundervoll, anschaulich und schmeckbar wie das Tränende Herz. Als ich dann begann, an einem Kinderblumenbuch zu arbeiten, plante ich, die Pflanze zum Star in meinem Buch zu machen. Doch leider ist das Tränende Herz giftig.

Natürlich ist es kein starkes Gift, das jeden dahinrafft, der mal an einer Blüte leckt, und es steckt auch nicht im Nektar. Sowieso sind die allermeisten Frühlingsblumen mehr oder minder giftig, und wir hantieren außerdem ständig mit Pflanzen, die insgesamt weit gefährlicher sind. An Kartoffelbeeren sind schon Menschen gestorben, auch Tomaten und Bohnen sind in bestimmten Entwicklungsstadien und Mengen lebensbedrohlich. Trotzdem. Ein Gewächs, das zur Giftpflanze des Jahres 2017 gekürt wurde, kann man ganz einfach nicht fremden Kindern zum Ablecken empfehlen. Das geht nicht. Das muss privates Wissen bleiben, ein Geheimnis nur zwischen mir und meinen Söhnen. Und Ihnen, jetzt. Ich hab Sie hiermit gewarnt: Das Tränende Herz ist giftig. Ob Sie diese Tropfen suchen und kosten, bleibt ganz Ihnen überlassen. Ich kann Ihnen nur sagen: Sie schmecken wunderbar …

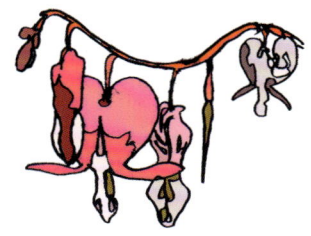

Petersilie

oder Hundspetersilie?

Dies ist die Zeit der Petersilien. Denn Petersilie hält Distanz. Anders als der allesverbindende Borretsch oder das wundervolle ewige Dreiergespann Estragon-Pimpinelle-Schnittlauch ist sie von Natur aus ungesellig und verträgt sich nicht mit den anderen Kräutern im Beet. Abstand einhalten muss ihr niemand vorschreiben, das macht sie von allein. Daher könnten wir sie im Moment als ein Vorbild betrachten, quasi als Corona-Kraut. Jede Not hat halt ihre Helden. Das sind aber, wie an der Petersilie ersichtlich, nicht immer die Nettesten. Krisen ermächtigen oft nur den Desperado, der am besten zum Problem passt, und der ist mitunter von einem echten Schurken kaum zu unterscheiden. Weswegen wir leider auch mal dem Falschen zuhören und glauben. Wenn wir dann Stärke für Vernunft halten, keine Zeit mehr für demokratische Prozesse sehen, schnell viel Geld in die Rettung von Technologien stecken, die wir eigentlich abschaffen wollten, oder hart erkämpfte Frauenrechte Genderunsinn nennen, ist das der Moment, in dem wir nicht mehr von notwendigen Maßnahmen reden, sondern bereits vergiftet wurden: vom gefährlichen Zwilling des Krisenhelden.

Einen solchen Zwilling hat auch die Petersilie. Wie ein böser Geist erscheint diese giftige Pflanze selbst in wohlgehüteten Gemüsebeeten. Auf Rübenfeldern gilt sie als schwer zu bekämpfendes Unkraut, und überhaupt ist sie da, wo Nutzpflanzen in Masse zusammenstehen, stets als Bodensatz vorhanden. Gerade jetzt vor der Blüte ist die Hundspetersilie von der echten glatten fast nur am Geschmack zu unterscheiden. Das hat schon zu Todesfällen geführt, denn obwohl man Gewürzkräuter nicht wie Salat isst, kann die Hundspetersilie schon in kleinen Mengen hochtoxisch sein. Viele Gärtner säen darum nur krause Peterle aus. Aber die schmeckt nicht so gut. Wer den vollen Geschmack will, muss mit der Gefahr leben. Und genau prüfen. Das ist – im Garten, in der Krise und sonst eigentlich auch – lebensnotwendig. Aber mit ein bisschen Wissen, Gelassenheit und Weitsicht doch machbar.

Das Maiglöckchen

Das Maiglöckchen ist eine erstaunliche Pflanze. Obwohl es so giftig ist, dass wenige seiner Blüten oder Beeren tödlich sein können, erzeugt es bei uns keine Berührungsängste. Bedenkenlos wird es um Kommunionkerzen gewunden, in Brautsträuße gesteckt, ja als Kuchendekoration verwendet. Googeln Sie mal den Begriff »Maiglöckchen« zusammen mit »Torte«. Und dann machen Sie dasselbe mit »Tollkirsche« …

Das Maiglöckchen ist geheimnisvoll, auf rührende Art. Selbstgenügsam steht es im Schatten und drängt sich nicht auf. Es wirkt nur auffällig sauber. Man muss zweimal hinsehen, um zu erkennen, dass die Pflanze schimmert. Maiglöckchen sind nicht leicht zu fotografieren, denn ihre Blattoberflächen werfen das Licht zurück und ihre Blüten leuchten wie von innen heraus. Das, was sie anziehend macht, entrückt sie gleichzeitig – ein reizvoller Widerspruch. Ähnlich die Sache mit dem Geruch. Maiglöckchen duften stark. Das ist nun in der Pflanzenwelt nichts anderes als eine Aufforderung zum Sex. »Bestäubt mich!«, heißt es – und die Bienen folgen, obwohl sie selbst nur den Ruf zum Essen verstehen. (Womit wir bei der Torte wären.) Letztlich vermehrt sich die Pflanze aber vorwiegend über ihr kriechendes Rhizom. So signalisiert sie jugendfrische Fruchtbarkeit und Potenz, obwohl sie gar nicht darauf angewiesen ist. Und in der Zwischenzeit arbeitet sie einfach an sich selbst: genau die Botschaft, die man seinen heranwachsenden Kindern fest ans Herz legen möchte. Darum wickeln wir Maiglöckchen um Kommunionkerzen.

Aber die Brautsträuße? Nun, Maiglöckchenduft ist nicht nur für Bienen attraktiv. Tatsächlich sind reife menschliche Eizellen von diesem Duft umgeben, was den ausdauernden Erfolg vieler Parfums mit Maiglöckchennote erklärt. Und hier zeigen sich auch unsere Prioritäten: In der Fruchtbarkeitssymbolik und als Lieferant künstlicher Pheromone wird das Maiglöckchen offenbar so sehr gebraucht, dass wir uns nicht auch noch vor seinem Gift fürchten können.

Sommer

Der Goldregen

Der Goldregen (die Pflanze) stammt aus dem Mittelmeerraum, genau wie die Idee, dass man mit Hilfe eines Goldregens (als solchem) eine Frau schwängern kann. Der alte Zeus, der ja ein Anrainer besagten Gewässers war, hat der Sage nach als goldener Regen die von ihrem Vater weggesperrte Danae beglückt, die daraufhin den Perseus gebar, der dann den Großvater vernichtete, welcher genau das eigentlich hatte verhindern wollen, indem er Danae einsperrte und sie später mit ihrem Kind in einer Kiste ins Meer warf.

So – und was können wir aus all dem lernen? Dass es nichts bringt, Frauen zu unterdrücken? Dass man mit Geld überall hinkommt? Wir haben es ja mit einer Heldenzeugung zu tun, darum ist das Gold vermutlich eher ein Sinnbild für ideelle Werte. Hier wird göttliche Essenz empfangen. Das, was nicht nur Leben erzeugt, sondern weiter erhält und vergoldet, der Funke Glück, der das Dasein erhöht und zum Mythos macht. Und ein Goldregen in voller Blüte ist ein wunderbares Symbol dafür. Er ist schön, duftet gut, er leuchtet in der Sonne, sieht aus wie eine offene Schatzkammer und hat diesen verheißungsvollen Namen. Dass er tödlich giftig ist, unterstreicht seine Botschaft nur, denn bekanntlich sind alle großen Ideale letzten Endes gefährlich. Und unerreichbar. Die Suche nach dem Glück schlägt darum zuweilen in Drogenkonsum um. Auch der Goldregen hat diese schäbige Seite. Tatsächlich drehte man früher aus seinen Blättern Zigaretten. Der Wirkstoff ist reizend und anregend und ein passabler Tabakersatz. Doch so giftig die Pflanze ist – dass Menschen ihretwegen sterben, kommt so gut wie nie vor. Denn bevor ein Goldregen tötet, erzeugt er Brechreiz und verlässt den Körper wieder. Das Ideal verteidigt sich selbst: Es bleibt unnahbar, verführt die Schwachen zu Dummheiten, ist letztlich tödlich, schafft es aber stets, den Glanz des Wahren, Reinen und Schönen um sich zu erhalten. Niemand stirbt durch einen Goldregen. Es kann nur passieren, dass einem davon furchtbar schlecht wird.

Die Rose

Also die ist nun wirklich nicht giftig, werden Sie sagen. Und Sie haben recht, aber die Rose ist ja auch eine Königin, und die Königin spielen immer die anderen. Wann hätte eine Diva je selbst ihre Tasche getragen – oder ihre Drogen? Behave! Eine Königin hat wie ein Kind auf Lebenszeit freie Hände und ein reines Gewissen, sie könnte sich sofort über den nächsten Zaun schwingen, blühend und lustvoll und frei. Gift – das wird ihr besorgt. In jeder Menge und Qualität. Und sie wird es nehmen. Wollen ist dabei keine Frage. Denn eine Königin – seien wir ehrlich – gehört meistens eben doch irgendwem. Ihrem Land, ihrem Volk, dem König. Natürlich soll sie aussehen, als ob sie überallhin könnte, zur Not auch über den Zaun. Aber in Wahrheit ist sie festgewachsen und muss die Stelle, an der sie steht, zum besten Ort der Welt machen. Darum darf sie nicht eine Blattlaus haben, keinen Rosenrost und schon gar keinen Mehltau. Bei dieser Pflanze hört der Spaß auf, da werden Biogärtner zu Bayerkunden, da wird gespritzt, was der Giftschrank hergibt. In den Fünfzigern empfahl man Lindan oder Dioxin, ob die heutigen Chemiekeulen besser sind, werden unsere Kinder uns sagen. Neem, Kaffee, Tee oder Seifenlauge sind zumindest weniger schädlich, aber einfach gar nix tun, das halten die meisten Rosenbesitzer nicht aus. Was wiederum die Züchter mit einrechnen. Neuere Sorten müssen gestutzt und gegiftet werden und kriegen dann harte, grelle Blüten an kratzigen Strauchskeletten. Wer will da Rose sein? Oder eine haben?

Andererseits ... es gibt sie, die alten Diven, die lässig übern Zaun hängen, ganz ohne Dope. Freche Röslein, die sich aus eigenem Antrieb in Bäume hangeln, Moosrosen mit Millionen Stacheln, klebrig und aromatisch und weich, Grazien mit Kugelknospen, die kurz vor der Blüte ein violettes Blatt raushängen lassen, genau eins, Gefüllte, die in der Hand zerfallen wie Seide gewordene Duftwolken, Athletinnen, die Nordwände erklimmen, Bienenweiden, Fruchtsorten, alles. Festgewachsen und kompliziert sind die auch, manchmal sogar verlaust und rostfleckig. Aber die rocken den Garten. Jedes Jahr.

Der Fingerhut

Im alten Irland glaubten die Leute, dass ihre Welt von launischen Elfen mitbewohnt sei. Auf dieser nebligen Insel war das ein solides Weltbild. Alles Wichtige konnte damit erklärt werden: tückische Wetterphänomene, plötzliche Unglücke, überirdische Schönheit. Und verhaltensauffällige Kinder. Die galten als von Elfen verhext. Diese Kinder wurden mit Fingerhutgift behandelt, also quasi floral exorziert. Und obwohl alle Beteiligten das schreckliche Risiko dieser Behandlung kannten, wurde sie vermutlich nie als das gesehen, was sie zuweilen war: Kindsmord. Denn noch heute ist der Fingerhut ganz selbstverständlich in jedem englischen Märchenbuch zu finden, als Kopfbedeckung der niedlichen Elfen.

Der Fingerhut, das fairy's herb, verrückt die Welt um jene winzige Spanne, die vielleicht dazu ausreicht, mal kurz rüber in die Anderwelt zu spähen. Unter seinem Einfluss sieht man alles etwas gelber, das Blau ist tiefer, zuweilen erscheinen Lichtflecken. (Diese Sinnesstörung ist übrigens auf einigen Gemälden des Malers van Gogh dokumentiert, der Digitalispräparate einnahm.) Zudem lässt die Droge das Herz kräftiger, langsamer und gleichmäßiger schlagen. Man fühlt sich wahrscheinlich stärker, auf jeden Fall anders. Von da ist der Weg ganz rüber auf die andere Seite nur noch ein winziger Schritt. Das war aber für die alten Iren kein großes Problem. Der Tod in der einen Welt bedeutete nur die Ankunft in der anderen. Also warum konnten die grausigen Elfen sich all diese Kinder holen? Weil ihre Geschichte so gut war. Sie hatten ihre Tricks und Beweise, ein schlüssiges Weltbild und den Fingerhut als Pforte. Aber selbst das solideste Weltbild kann nicht stimmen, wenn es Kinder frisst. Das müssen auch wir bedenken, wenn wir sehenden Auges Kinder in Elfenlande schicken: in die Sweatshops, die Plantagen, die Minen, die Schlauchboote, die Verteilungskriege, die geplünderte Zukunft. Da brauchen wir mal eine neue Geschichte. Das geht. Die Elfen und der Fingerhut stehen ja inzwischen auch im Märchenbuch.

Das Mutterkorn

Das erste LSD wurde daraus hergestellt – das hört sich mehr nach Hippie als nach Völkermörder an. Tatsächlich aber sind diese parasitären Pilze, die auf Getreideähren wachsen, wahre Geißeln der Menschheit, vergleichbar dem Pestbazillus. Zwar erwähnten schon die Assyrer die »schädliche Pustel im Ohr des Korns«, doch das Wissen um diesen Zusammenhang erreichte das europäische Mittelalter nicht. In jener dunklen Zeit hielt man die Symptome der Pilzvergiftung für eine Krankheit und Sündenstrafe, genannt Antoniusfeuer. Der heilige Antonius war ein Einsiedler, der mit erotischen Wahnvorstellungen und bizarren Fabelwesen zu kämpfen hatte. Tatsächlich sind die ersten Symptome der Vergiftung ebenjene Halluzinationen, dann folgen Krampfanfälle, Jucken und Brennen der Haut, dazu aufgetriebene Leiber und geschwärzte Glieder. Zu hoch dosiert wirkt das Gift tödlich. Zur damaligen Zeit entvölkerte es ganze Landstriche. Allein in dem einzigen Jahr 994 sollen in Aquitanien und im Limousin vierzigtausend Menschen daran gestorben sein.

Die große Gefahr des Mutterkorns liegt darin, dass es mit dem Getreide ein Hauptnahrungsmittel befällt. Die ideale Klimavoraussetzung für sein Wachstum ist ein feuchtheißer Sommer, der auf einen warmen Frühling folgt. Besonders, wenn das Erntevorjahr schlecht war, konnte es auch in der

Neuzeit noch vorkommen, dass hungrige Bauern das Getreide nicht sorgfältig genug reinigten – so geschehen im Jahr 1789 in Nordfrankreich. Das Resultat waren Menschen, denen zahlreiche Ärzte bescheinigten, aufgrund von schlechtem Mehl den Verstand verloren zu haben, und Unruhen (»La Grande Peur«), die zum Teil der Französischen Revolution wurden und diese möglicherweise überhaupt erst verursacht haben.

Heute ist das Antoniusfeuer dank Fungiziden und moderner Mühlentechnik fast vergessen. Nur ungereinigtes Getreide aus Bioläden könnte es noch auslösen.

Der Eisenhut

666 Eisenhut
aconitum napellus "Kleiner Ritter"
bewährte Nutzpflanze · hochkeimfähiges Saatgut
Wolfsamen

667 Eisenhut
aconitum napellus "Schneewittchen"
bewährte Nutzpflanze · hochkeimfähiges Saatgut
Wolfsamen

668 Eisenhut
aconitum x cammarum "Bicolor"
bewährte Nutzpflanze · hochkeimfähiges Saatgut
Wolfsamen

669 Eisenhut
aconitum carmichaelii "Cloudy"
bewährte Nutzpflanze · hochkeimfähiges Saatgut
Wolfsamen

Es gibt ja diese Verdachtsmomente, die man mit einer einfachen Rechnung in eine überaus einleuchtende Gewissheit verwandeln kann. Nehmen wir mal an, wir wüssten genau, wie viel echtes italienisches Olivenöl jährlich verkauft wird (das ist natürlich nur ein gemeines Beispiel), und dann gingen wir hin und zählten alle Olivenbäume Italiens kurz durch und stellten den so ermittelten Wert dem ersten gegenüber ...

An diesem Punkt möchte ich unsere Aufmerksamkeit auf den Eisenhut lenken. Der Eisenhut ist eine blaue Blume mit dunklem Laub. Er wurde in der letzten Eiszeit von Sibirien aus in Asien und Europa verbreitet, und er ist die giftigste Pflanze, die hier wächst. Seine zuverlässige Wirksamkeit ist uns wahrscheinlich seit der Menschwerdung bekannt, er wurde benutzt, um Pfeile zu vergiften, dann von antiken Dichtern warnend besungen, im Mittelalter als Mord- und Rachegift eingesetzt und hat es bis in die moderne Homöopathie geschafft. (Über Homöopathie ein andermal mehr.) Vom Eisenhut wissen wir außerdem, dass er keinen heilerischen Nutzen besitzt. Sein Gift, in Salben angewandt, erzeugt beim Gesalbten das Gefühl, dass ihm ein Wolfspelz wächst. Außer diesem gefährlichen Trick (nicht nachmachen!) kann der Eisenhut nichts. Nur töten. Und das wissen wir, ich wiederhole: seit Jahrtausenden. Wenn wir eine vernünftige, friedliche und kluge Spezies wären, würden wir folglich diese Pflanze meiden. Wir hätten sie längst aus unseren Gärten und Feldern verbannt. Aber – und hier kommen wir wieder auf unsere angedachte Rechnung zurück – vom Eisenhut besitzen wir sogar Gartensorten. Ziereisenhüte. In verschiedenen Blauschattierungen. Obwohl er nicht übermäßig hübsch ist. Dass man ihn dringend als schneckenresistenten Rittersporersatz für bestimmte englische Rabatten bräuchte, halte ich für eine fromme Lüge. Meiner Meinung nach kann das Vorhandensein so vieler Varietäten leider nur eins bedeuten: dass der Mensch in seinen dunkelsten Stunden zum Wolf wird. Oder es zumindest versucht.

Der Schwarze Nachtschatten

Sein Ruf ist nicht nur fragwürdig, sondern einfach schlecht: Man nennt ihn auch den Hühnertod. Landwirte werden in Agrarforen ausdrücklich vor ihm gewarnt, Erbsenbauern fürchten, er könnte – getarnt als Erbse – ihre Pflanzungen unterwandern, und in Giftlisten wird er als giftig geführt, was die zweitschlimmste Kategorie überhaupt ist. Er sieht überdies sehr gefährlich aus, nämlich wie eine Tollkirsche, und dass er kleiner ist als sie, macht es nicht besser. Zudem treibt er sich herum und besetzt Leerstände wie Bahndämme, Straßenränder und Halden. (Auch Erbsenfelder.) An diesen Menschenorten wirkt er dann wie ein illegaler Eindringling. Vermutlich käme niemand hier auf die Idee, ihn zu essen, aber für den äußersten Fall, dass uns das alles nicht Warnung genug ist, hat ihm noch jemand den Kampfnamen »Schwarzer Nachtschatten« verpasst.

So sieht's aus. Und wie schlimm ist er jetzt wirklich?

Keine einfache Frage. In unserer beschreibenden Literatur kommt beim Schwarzen Nachtschatten zuweilen eine merkwürdige Irritation auf, eine Art hilfloses Wundern, ein Unglaube. Das kann doch gar nicht sein, liest man zwischen den Zeilen, wie ist das möglich, dass – der Schwarze Nachtschatten anderswo Wonderberry heißt? Er auf Marktständen zu finden ist? Als Gemüse gilt?

An dieser Stelle wäre eventuell mal zu klären, ob für eine Pflanze ein Markenname besser ist als ein Kampfname, und ob sie wirklich ein Gemüse sein will. Ungeachtet dessen wird sowohl in den wärmeren Gegenden Russlands als auch den USA aus den reifen Früchten des Schwarzen Nachtschattens Marmelade zubereitet. In verschiedenen Teilen Afrikas verzehrt man ihn gekocht. Er ist wirklich giftig (auf keinen Fall grüne Teile roh essen!), aber insgesamt weniger toxisch als die Kartoffel.

Und der schlechte Ruf? Ich glaube ja, dass die tödliche Schwester schuld ist, die Tollkirsche, denn als Nahrungsmittel gilt der Schwarze Nachtschatten hauptsächlich in Ländern, die diese Killerqueen nicht kennen, und eine Giftkirsche zu viel in der Konfitüre wäre fatal. Andererseits: Schwarzer Nachtschatten soll die beste Marmeladensorte der Welt sein.

Die Tollkirsche

Sie ist eine sehr alte Weggefährtin des Menschen. Wir müssen ihr früh begegnet sein, denn wir sind eine früchteverzehrende Spezies, und sie sieht appetitlich aus und schmeckt süß. Außerdem ist sie ein Rauschmittel. Als solches kennen wir sie gut und lange, und darum wissen wir auch, was ihr Saft, ins Auge geträufelt, bewirkt. Von welcher anderen Pflanze weiß man das schon? Über sonstige Nachtschattengewächse sind derartige Details jedenfalls nicht bekannt. Von den amerikanischen Schwestern der Tollkirsche zum Beispiel kann man nur berichten, was man sich sowieso hätte denken können, nämlich dass sie geradezu unmäßig nutzbringend sind (Kartoffel und Tomate) und die Weltherrschaft anstreben (Tabak).

Die elegante Tollkirsche gibt sich für solch plumpes Profitieren nicht her. Sie wächst nur auf entlegenen Waldlichtungen und laboriert im Niemandsland zwischen Leben und Tod. In dieser Grauzone ist sie eine Heldin: Ihre Droge, das Atropin, wirkt so anregend, dass wir es benutzen, um Halbtote ins Leben zurückzureißen. Fatal wäre jedoch, sie ohne Not im Alltag einzusetzen. Zu nah liegt die tödliche Dosis neben der wirksamen, und die Liste der Opfer ist lang.

Aber was passiert jetzt, wenn man den Saft der Tollkirsche unter die Lider träufelt? Die Wirkstoffe der Pflanze weiten die Pupillen und signalisieren jedem, der so angesehen wird, tiefe Zuneigung. Ein hochwirksames Aphrodisiakum, wie man von echter Zuneigung weiß. Letztlich aber bleibt es ein Trick und riskantes Spiel, das nur der gewinnen kann, der sowieso nichts mehr zu verlieren hat. Denn die Tollkirsche ist eine weit geöffnete Pforte in die Anderwelt, und mit der Liebe zu kokettieren war noch nie eine gute Idee.

Ich persönlich finde, das Schönste an der Tollkirsche ist der Platz, an dem sie wächst: die Waldlichtung. Dort spürt man ganz ohne Drogen, wie durchlässig die Grenzen in andere Welten zuweilen sein können. Und künstliche Aphrodisiaka braucht man im gegebenen Fall auch nicht.

Der **Buchsbaum**

Er ist wie der langweiligste aller Ehemänner: die sichere Partie, der immergrüne Verehrer mit Ausdauer, der sich in jede Form ziehen lässt und stets den passenden Hintergrund abgibt. Einen eigenen Charakter scheint er überhaupt nicht zu haben, kaum jemand kennt sein wahres

Ich. Oder wissen Sie, wie ein natürlich gewachsener, unbeschnittener Buchsbaum aussieht?

Genau.

Obwohl der Buchs in praktisch jedem Garten steht, kennen wir nur, was er verdeckt oder heraushebt. Selbst Le Nôtre, der Architekt des Versailler Schlossparks, der das grüne Zirkeln und Brodieren und somit den Buchs als neuzeitliche Zierpflanze überhaupt erst aufgebracht hat, lästerte über ihn, er rieche schlecht. Man solle ihn, wo es geht, vermeiden. Spätere Floristen verpassten ihm Spießernamen wie »Blauer Heinz«. Dass er bis obenhin voll Gift ist: passt und ist kein Wunder bei dem, was er so mitmachen muss. Letztlich bleibt aber auch das egal, denn wer will diesem kleingehaltenen Typen schon ernsthaft nahe kommen? Ihn womöglich – vernaschen?

Nun: Eine gibt es. Nach mehreren stillen Jahrhunderten als Beeteinfassung hat der Buchs in jüngster Zeit eine Leidenschaft entfacht, die ihresgleichen sucht. Eine kleine ostasiatische Motte hat ihn entdeckt und erobert. Und zwar total. Sie findet ihn überall, bezieht ihn, bewohnt ihn, legt ihre Eier auf ihn – und am Ende dieser Amour fou frisst sie ihn mit Stumpf und Stiel. Landauf, landab lässt sie schockierte Gärtner zurück. Eine Katastrophe?

Ich weiß nicht. Klar: Es ist schade um die alten Gärten. Aber vielleicht sollten wir die Vernichtung der blauen Heinze in ihren entwürdigenden Formschnitten als Auftrag begreifen. Statt reflexhaft unsererseits mit Gift um uns zu schießen, könnten wir eine naturgemäße Gartenkultur entwickeln. Dann würde vielleicht das eintreten, was in den letzten Jahren schon vereinzelt beobachtet wurde: Vögel und Wespen fraßen die Zünslerraupen. Die Buchse trieben wieder aus.

Wenn man die übrigens wachsen lässt, so wie sie wollen, werden das richtig attraktive Bäume. Ich kenne einen. Der ist hübsch.

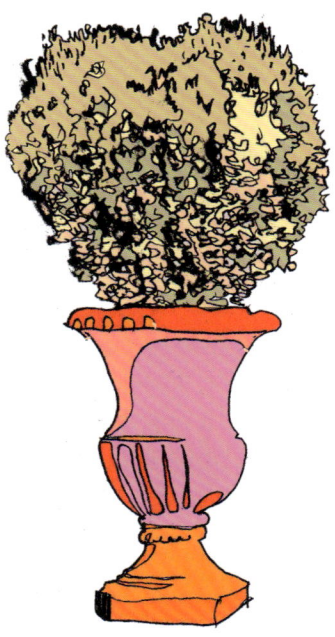

Die Zaunrübe

Die Zaunrübe ist vermutlich aus der Märchenwelt zu uns herübergewachsen. Sie muss in irgendeiner Illustration gesteckt haben, vielleicht in einem uralten Buch oder einem Kinderbild. Oder sie kam über eines der Millionen Fotos von Neuschwanstein, wer weiß. Auf jeden Fall gibt es kaum eine Pflanze, die so malerisch und eigenartig aussieht. Ihre Früchte sind kugelrund und vom unwahrscheinlichsten Signalrot, ihre Ranken reiner Jugendstil. Trotz ihrer Anmut ist sie aber nicht ungefährlich, alle ihre Teile sind hochgiftig und sie wächst so schnell, dass sie innerhalb kurzer Zeit eine Bank, einen Zaun oder einen kleinen Garten verschlingen kann. Zudem besitzt die Zaunrübe eine veritable Halbweltvergangenheit als Hochstaplerin und Allzweckplacebo. Weil ihre rübenähnliche Wurzel der Alraune ähnelt, wurde sie in den alten Zeiten – zurechtgeschnitzt und eingefärbt – als Fälschung dieses ungeheuer gefragten Fetischs verkauft. Und ihr Gift ist zwar selbst in medizinischen Dosen nicht besonders gesund, aber es erzeugt starke Reize, die sofortige Heilwirkung vortäuschen.

Das Märchenhafteste an der Zaunrübe aber ist die Art, wie sie Freundschaft schließt. Wen sie auswählt, der erfährt eine Charakterverbesserung und bekommt eine Rundumvollversorgung, quasi das Königreich, ganz wie in der romantischsten Mär. Zum Beispiel hat sich der Zaunrüben-Marienkäfer (er heißt wirklich so) seiner sagenhaften Freundin zuliebe zum Vegetarismus bekehrt. Jetzt lebt er, anders als die anderen, karnivoren Marienkäfer, nur noch von zaunrübenähnlichen Kürbisgewächsen. Und die Zaunrüben-Sandbiene kann ohne ihre Namensgeberin tatsächlich gar nicht leben, weil sie sich ausschließlich von deren Nektar und Pollen ernährt.

Und da das so ist, lege ich euch ausnahmsweise ein giftiges Gewächs ans Herz: Pflanzt Zaunrüben! Damit erhaltet ihr eine gefährdete Bienenart und einen außergewöhnlich charakterfesten Marienkäfer. Und außerdem entstehen für alle Romantiker vielleicht ein paar neue Wechsel in die Märchenwelt.

# Herbst

Der Grüne Knollenblätterpilz

Eins vorweg: Es werden eh viel zu viele Pilze gesammelt. Sagt der deutsche Naturschutzbund. Die Bestände gehen auch hier zurück, nebenbei werden die Wälder zertrampelt, wir sollten der Natur dringend mal eine Pause gönnen. Ein guter Grund, aufs Sammeln zu verzichten, ist außerdem der Grüne Knollenblätterpilz.

In gewisser Weise ist er ein Masochist. Und dazu Sadist. Tatsächlich vermute ich, dass der Grüne Knollenblätterpilz gegessen werden will – aber nicht wie ein Apfel, der uns als Geschenk gegeben ist, sondern als heimtückischer und bösartiger Mörder. Dieser Pilz ist an bemerkenswert vielen schweren Vergiftungen beteiligt. Wenn er tötet, merkt das Opfer erst viel zu spät, wie schlimm es wirklich steht, und er warnt niemals. Anders als die meisten giftführenden Wesen bleibt er völlig unauffällig, hat weder eine besondere Farbe noch ausgefallene Lebensgewohnheiten. Äußerlich ist er läppisches Mittelmaß. Eine tiefenpsychologische Analyse würde eventuell herausbringen, dass genau hier das eigentliche Problem liegt, aber Mitleid ist nicht angebracht. Denn der Grüne Knollenblätterpilz benutzt niederträchtig sein harmloses Aussehen, um sich zwischen normalen Speisepilzen zu verstecken. Zum Beispiel unterwandert er die Hexenringe des Wiesenchampignons. Eigentlich lassen sich beide Pilze ganz gut unterscheiden – die gefährlichen Verwechslungen passieren hauptsächlich dann, wenn sie im selben Ring angeordnet wachsen, wo der Sammler unvorsichtig wird und mit einer anderen Art nicht mehr rechnet.

Jetzt könnte man natürlich sagen, dass niemand gezwungen ist, Waldpilze zu essen, und dass vielleicht sogar umgekehrt Champignons die Nähe der Knollenblätterpilze aktiv suchen, um von deren Wirkung zu profitieren. Wer weiß. Ich glaube, dass man hier sehr schön sehen kann, wie nah Gut und Böse eigentlich beieinanderliegen, wie sehr sie sich äußerlich gleichen können, wie sie einander nützen und wie schwierig es manchmal ist, das eine vom anderen zu unterscheiden.

Der Faltentintling

Sie kennen mich: Ich gebe keine Tipps. Mir liegt nichts daran, Ihnen beim Erben zu helfen. Trotzdem bin auch ich nicht frei von Bewunderung für gutes Handwerk, und darum gehen wir heute ausnahmsweise mal in die Werkstatt.

Es gibt einen Krimi von Agatha Christie, in dem der Mörder einen genialen chemischen Trick anwendet. Er fügt einem Stärkungsmittel, das eine harmlose Strychninverbindung enthält, ein Reaktiv zu, das die Verbindung auflöst und das Strychnin ausfällt. Das Gift befindet sich somit am Boden der Flasche, und als das Opfer die Neige zu sich nimmt, stirbt es, während der Täter ein wunderbares Alibi für diesen Tag hat und anschließend die gesamte Besetzung des Romans inklusive der Leserschaft verzweifelt Gartenschuppen, Apotheken und Giftkisten nach der Herkunft des Strychnins absucht.

So weit das unerreichte Vorbild. Dazu eine kleine Übung mit Faltentintlingen:

Am Vortag einer großen Party verzehrt ein Ehepaar ein Pilzgericht. Dann, spät am nächsten Abend, als die Party ihrem Ende zugeht und die Frau gerade das Auto vorgefahren hat, wird dem Mann furchtbar schlecht. Sein ganzer Körper verfärbt sich rötlich bis lila, nur die Nasenspitze und die Ohrläppchen bleiben weiß. Er stirbt. Der Frau dagegen geht es prima, obwohl beide das Gleiche gegessen haben. Wie konnte das geschehen?

Nun. Die Mörderin hatte Fahrdienst und nichts getrunken, ihr Mann dagegen schon – und sie hatte Faltentintlinge gekocht. Zu diesen Pilzen darf man aber keinesfalls Alkohol konsumieren, vor allem nicht am Tag danach (oder davor). Denn erst mit dem Abstand von ein bis zwei Tagen treffen im Körper die Höchstmengen von Coprin aus den Tintlingen und Ethanal aus dem Alkoholabbau aufeinander, und diese beiden Stoffe bilden dann gemeinsam das Duo infernale, den Cocktail, der einen umhauen kann.

So. Genug gesehen, Werkstatt wieder zu. Ich möchte anfügen, dass sich derartige Situationen ganz leicht vermeiden lassen, indem man Waldpilze einfach stehen lässt. Oder in Beziehungskrisen keinen Alkohol trinkt.

Der **Fliegenpilz**

Der Fliegenpilz gilt uns als sicheres Erkennungszeichen eines Märchenwaldes, obwohl er nicht in einem einzigen Märchen vorkommt. Außerdem benutzen wir ihn als Universal-Glücksbringer, doch seine reale Glückswirkung als Droge (wie auch sonst) ist eher gering. Und er ist nicht ganz so gefährlich, wie er aussieht: Es gibt keinen dokumentierten Fall einer tödlichen Fliegenpilzvergiftung. Alles, wofür der Fliegenpilz symbolhaft steht, findet in seiner wahren Existenz keinen Widerhall. Trotzdem ist er eine Ikone, für viele Menschen der Pilz schlechthin, der einzige, den sie kennen.

Wer hat den Fliegenpilz auf diesen Thron gehoben? Es waren Kinder. Mit Hilfe ihrer Fantasie hat der Fliegenpilz ein Gedicht usurpiert und so seine Karriere begründet. Als der Dichter Hoffmann von Fallersleben vor knapp zweihundert Jahren den Rätselreim »Ein Männlein steht im Walde« veröffentlichte, da ließ er als guter Dramatiker offen, wer das Männlein sein mochte. Tatsächlich meinte er die Hagebutte, die aber wesentlich langweiliger ist als ein Fliegenpilz und auch nicht still und stumm und vor allem nicht allein im Walde steht, wie in der ersten Strophe des Liedes besungen. So erkannten die meisten Kinder den (für sie) viel eindrucksvolleren, giftig-gruseligeren, außerdem deutlich purpurroteren Fliegenpilz. Hoffmann von Fallersleben wiederum missfiel die feindliche Übernahme seines Liedchens durch jenen (für ihn) nebensächlichen Pilz, der bis dato eher als Mückenköder und unappetitliches schamanisches Rauschmittel bekannt war. Darum dichtete er nach Jahren noch eine dritte Strophe mit der Hagebutten-Lösung, doch es war zu spät: Engelbert Humperdinck übernahm den Kinderreim in seine Oper »Hänsel und Gretel«, und zwar ohne die Hagebutte. Von da an war der Fliegenpilz das Männlein im Walde der Herzen, wurde zum Medienstar und Botschafter unserer Märchen. Und zum Glückssymbol. Vielleicht doch zu Recht. Weil das Glück, für das er steht, die kindliche Begeisterung ist, die wildere Helden sucht und märchenhaftere Deutungen findet.

Die Eibe

Falls wir jemals ernsthaft versuchen, in der Zeit zu reisen, werden wir vermutlich feststellen, dass dies nur in einem Eibenhain funktioniert. Vielleicht werden wir nicht einmal Apparate brauchen, sondern bloß ausreichend alten Baumbestand. Denn Eiben machen irgendetwas mit der Zeit. Das wussten die keltischen Druiden, das spürten mittelalterliche Mystiker, das behaupten die Betreiber neuzeitlicher Eso-Shops. Zwar können Letztere denkbar wenig Interesse daran haben, dass ihre Kundschaft die Ära des frei flottierenden Internethandels langfristig und ganzheitlich verlässt, weswegen wir aus dieser Ecke kaum glaubwürdige Reiseangebote erwarten dürfen – aber in der Grundidee liegen sie wohl richtig. Wie das immer so ist.

Die Eibe ist selbst eine Zeitreisende. Sie hat als einziger Nadelbaum den langen Weg aus dem Tertiär bis in die Gegenwart geschafft. Weil sie eine zähe Einzelkämpferin ist. Auf andere verlässt sie sich niemals, ist nicht wie die übrigen Bäume mit Bodenpilzen vergesellschaftet, sondern bildet selbst ein besonders feines Wurzelwerk. Ihre herabfallenden Nadeln vergiften den Boden, ihr Pollen die Luft, außerdem schluckt sie alles Licht. In ihrer Nähe wächst nichts außer ihr. Und zwar für lange Zeit. Eiben können mehrere tausend Jahre alt werden – und sie bleiben bis ins hohe Alter vital. Die Eibe treibt beharrlich auch an altem Holz wieder aus. Das verdammt zwar einzelne Exemplare zu einem traurigen Dasein als Formgehölz in barocken Gärten, doch auch solche Albernheiten erträgt der Baum mit autistischer Ignoranz. Selbst wenn man ihn in Obelisken schneidet, verliert er nicht seine Macht. Und mächtig ist die Eibe. Unter ihr ist die Luft kühler, das Licht blauer, der Boden trockener und weicher. Außerdem ist sie tödlich giftig, aber es gibt kaum ein Gewächs, das dieses Gift so lässig trägt und einsetzt. Ihr geht es gar nicht ums Töten. Sie hat nur einfach so viel Kraft, dass sie einen fortreißen kann, vielleicht in eine andere Zeit, vielleicht auch nur rüber ins Nichts. Wer weiß.

Die Herbstzeitlose

Sie kommt als Letzte zur Party, und sie will was erleben. Wenn die Vernünftigen längst einpacken und heimgehen, wenn die Stimmung ins Unwirkliche kippt und das Licht Aureolen um die schmutzigsten Dinge zaubert, dann betritt eine kleine Diva die Bühne der Natur: die Herbstzeitlose. Sie schmeißt sich ins ganz große Lila und stellt sich mitten in die kalten Herbstnebel, um – im Grunde bloß das zu tun, was alle wollen: blühen. Nur ihr ist es todernst. Ihr starkes Gift ist organschädigend und löst Krebs aus, ein ungemein fieses Zeugs. Wen es nicht sofort umbringt, macht es krank. Das wussten schon die alten Griechen, und die haben der Herbstzeitlosen darum zur Warnung einen Schmähnamen verpasst: Colchicon.

Den Namen trägt sie als Colchicum autumnale noch immer, die Warnung dagegen ist im Lauf der Jahrtausende verblasst, obwohl sie drastischer nicht sein könnte. Sie bedeutet: Achtung! Mutter aller Gifte!, und bezieht sich auf DIE Bedrohung aus der Kolchis, einer eigentlich beschaulichen Landschaft am Schwarzen Meer. Aus jener Gegend aber sickerte ätzendes Gift in die antiken Patriarchate, personifiziert in der mythischen Medea. Die war – anfangs – nur eine kleine kolchische Prinzessin, die was erleben wollte. Sie brannte mit einem griechischen Helden durch und versuchte, in einer Familie mit ihm zu leben. Gleichberechtigt.

Doch das war für eine Frau unmöglich, und darum musste die Sage sie strafen. Der Held verließ sie in schönster Selbstverständlichkeit für eine bessere Partie. Darauf brachte sie die gemeinsamen Söhne um und wurde zur schauerlichsten Bestie ihrer Zeit.

Die alten Griechen müssen unglaubliche Angst vor ihr gehabt haben. Nicht vor Medeas Morden, die haben sie schließlich selbst erfunden. Nein, Angst hatten sie vor ihrer Geschichte, die das Potenzial besaß, anderen Frauen den Weg in die Freiheit zu weisen. Denn diese Geschichte erzählt davon, was Medea zu Recht gewollt hatte: blühen. Wie ihre Schwester, die Herbstzeitlose. Wie wir alle.

Der **Wein**

Der Alkohol ist ein alter Mörder. Das weiß ich, dabei bleibe ich. Da dieses Giftlabor aber neutral arbeitet, kann es nicht nur Nachteile beklagen, sondern muss auch Vorzüge aufzeigen, und daher geht es heute um die erfreulichste Erscheinungsform des beliebten Killers.

Was macht einen guten Wein aus?

Dass er rot ist, Franzose, Chilene, dass er nach Kirsche schmeckt oder Paprika, dass er wie die glutheiße apulische Macchia riecht, rund ist und vielleicht eine Spur gelogen, verwegen oder süffig, einen langen Abgang hat, dass man die Lage herauskosten kann, das Gestein, die Sonne, die Rebsorte, Alter der Pflanze, das Fass, Mut und Mühe des Winzers? Dass er zum Essen passt und ins Glas und die Jahreszeit? Ja, das macht ihn aus.

Aber – das rechnet noch nicht das Wunder mit ein, dass kein Wein jemals besser schmeckte als der aus dem Tetrapak am Strand. Oder der mit den Eiswürfeln drin morgens um halb fünf im total verrauchten Atelier, als nichts anderes mehr da war als die eine dubiose Flasche, die davor jahrelang auf dem Schrank gestanden hatte. Diese Magie lässt sich nicht mit einem Weinführer erklären oder im Fachhandel kaufen, dazu muss man feste leben und zwischendurch schnell mal das Geld zusammenlegen und raus an die Tankstelle. Andererseits kann der Sprit von der Tanke das Traurigste sein, was es gibt, der totale Absturz, das Ende – und ist trotzdem immer noch besser, als wirklich guten Wein ohne Andacht und Demut zu trinken. Also noch mal: Was ist wirklich guter Wein?

Vor tausend Jahren sagte dazu ein persischer Dichter, er verstehe die Weinhändler nicht, denn: »Was kann man Besseres erwerben?«

Das ist ein schöner Satz. Er entrückt den Wein genau dahin, wo jeder Händler seine Ware haben will, ins eigentlich Unbezahlbare. Zudem adelt er die Leistung sowohl der Winzerinnen als auch des Kenners, ruft absolut nicht zum wilden Saufen auf, aber – er macht auch keinen Unterschied. Denn die Magie des Weins kennt keine Ausnahme. Sie könnte in jeder Flasche stecken.

Und in jedem Tetrapak.

Winter

Die Muskatnuss

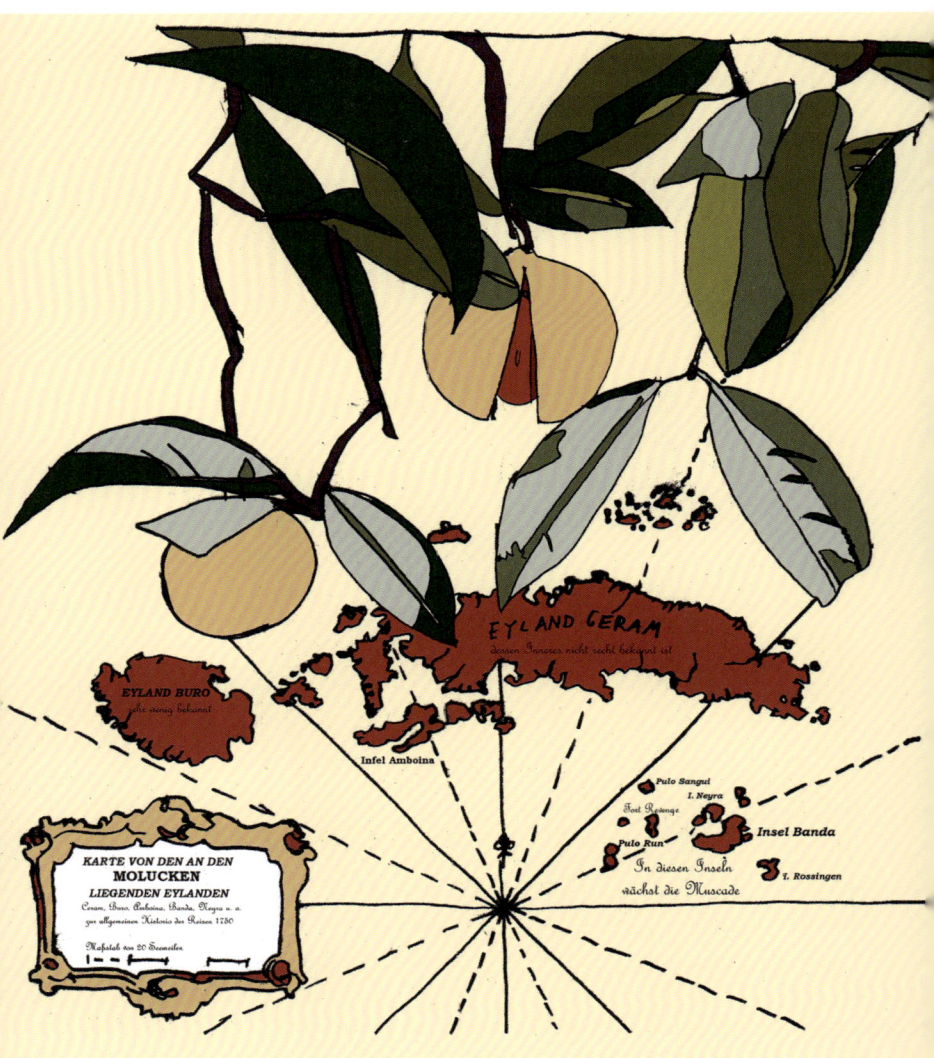

Die Muskatnuss ist eine Sirene. Hinter diesem üppigwinterlichen Gewürz verbirgt sich eine gefährliche Verführerin. Als Kind einer winzigen Insel im pazifischen Nirgendwo hätte sie leicht unbeachtet bleiben können, trotzdem drang ihr Ruf über Kontinente und Jahrhunderte zu uns vor. Sie schaffte es, Männer über Ozeane zu locken und ihnen das nebenbei gefundene Amerika als lästiges Hindernis erscheinen zu lassen. Ihretwegen wurden mindestens zwei Kriege geführt und das Volk ihrer Heimatinsel ausgerottet.

Was machte die Muskatnuss so schrecklich begehrenswert?

Nun. Die Muskatnuss ist der Same eines schlanken Baumes, der betörend riecht. Die Pflanze ist anspruchsvoll, zweihäusig, sie gedeiht nur in einem bestimmten tropisch-maritimen Klima. Außerdem enthält sie Halluzinogene und ist tödlich giftig, allerdings verhindert der starke Eigengeschmack jede Überdosierung. Und das ist alles. Dafür ins Ungewisse ziehen und jegliche Moral aufgeben? – Das Gewürz war teuer, eigentlich ging es ums Geld, ganz klar. Trotzdem ist das nicht die ganze Wahrheit. Die ganze Wahrheit kann von Inselwesen selten berichtet werden, weil die fast immer noch eine magische Zweitexistenz haben. Von Inseln geht ein Sog aus. Wir imaginieren herrliche Paradiese dorthin. Je ferner, desto attraktiver. Und die Banda-Inseln, von denen die Muskatnuss stammt, sind fast so unerreichbar wie derzeit das unabhängige Britannien. Anders als die

Briten aber konnte die Muskatnuss den Inseltraum sinnvoll für sich nutzen. Irgendwie war sie gerade kompakt, geheimnisvoll und intensiv genug, um schon im Mittelalter nach Europa exportiert zu werden. Dort erregte sie das Interesse der Entdecker und Eroberer. Die entdeckten und eroberten brav – und dann gruben sie einzelne Exemplare aus, um die Pflanze weiterzuverbreiten. Inzwischen steht die Muskatnuss fast auf jeder weit entlegenen Insel dieser Erde. Ihre Magie ist dabei etwas verblasst, aber das kann sich wieder ändern. Die fernen Paradiese jedenfalls sind jetzt alle fest in ihrer Hand.

Die Paternostererbse

In unseren Breiten kommt sie hauptsächlich auf Weihnachtsmärkten vor. Aber die ursprünglich aus Indien stammende Exotin ist eine bemerkenswert weit verbreitete Giftpflanze. Wir Menschen nutzen sie auf der ganzen Welt, obwohl sie eigentlich nichts Vernünftiges kann. Sie ist nur tödlich und schön. Das scheint, vor allem im spirituellen Bereich, eine unwiderstehliche Kombination zu sein. Man nimmt den Rosenkranz einfach lieber zur Hand, wenn er aus hübschen, glänzenden Perlen besteht. Und dann beten sich die vielen Vaterunser und Avemarias vielleicht wirklich besser, wenn man weiß, dass jeder einzelne rotschwarze Same, den man dabei berührt, allein über Leben und Tod entscheiden könnte. Die Nähe zu Gott ist da doch viel konkreter.

Erfunden wurde die Suche nach Erleuchtung mit Hilfe von Paternostererbsen allerdings nicht in Europa. Wir haben das von den Indern übernommen, die traditionell Bijouterien und Gebetsketten aus der dort Rati genannten Hülsenfrucht herstellen. Aber wie zu allen wichtigen Themen gibt es auch hier alternative Fakten. Bei meiner Recherche stieß ich auf den Beitrag eines Eso-Shops, der den Ursprung der Paternostererbse in Amazonien ansiedelt. Indianische Glücksbringer würden traditionell aus den schwarzrot glänzenden Samen eines dortigen Urwaldbaumes hergestellt, Huayruros, so ihr wahrer Name. Man binde sie auch gerne Kindern um den Arm, um sie vor Unheil zu schützen ...

Die Pflanze hat gleichermaßen altehrwürdigste Religion und neumodischen Esokram unterwandert, sie besitzt Ursprungslegenden auf verschiedenen Kontinenten und ist offenbar ständig dabei, neue Traditionen zu begründen. Ihr Geheimnis? Vermutlich die Tatsache, dass sie ihre tödliche Drohung kaum je wahrmacht. Eine Paternostererbse allein reicht zum Sterben, aber verschluckt man sie im Ganzen, passiert nichts. Man muss sie willentlich zerkauen, um ihr Gift freizusetzen. Sonst ist sie nur ein Stück Geheimnis und Macht, das man in Händen hält. Eine Möglichkeit. Es gibt nichts Faszinierenderes.

Die bittere Mandel

Der Cyanwasserstoff, genannt Blausäure, ist eine der ältesten Waffen der Natur. Er wird von Pflanzen absichtsvoll als Schadstoff und Tötungswerkzeug gegen Fressfeinde eingesetzt. Fast alle unsere Obstbäume sichern ihre Steine und Kerne damit, am bekanntesten die bittere Mandel, die gefährliche Mengen des Giftes enthält. Gerade das verleiht ihr aber auch das aparte Gewürzaroma. Und etwas eigenartig Exklusives, denn ein Teil der Menschheit kann den Geruch gar nicht wahrnehmen. Nicht schlimm, könnte man da sagen, eine bittere Mandel erkennt man im Notfall auch am Geschmack. Tatsächlich aber darf, wer taub ist für den Duft der Bittermandel, nicht mit Gefahrgütern hantieren. Denn die ähnlich riechende reine Blausäure verdampft schon bei 26 Grad Celsius und ist damit eine der tückischsten Substanzen der chemischen Industrie. Sie hat eine grausige Geschichte. In großer Menge und konzentrierter Form entstand sie erstmals bei der Herstellung des »Berliner Blau«. Dieses hochpotente günstige Farbpigment wurde sehr bald nach seiner Entdeckung im 18. Jahrhundert massenhaft produziert und gab der Blausäure ihren Namen. In jener Zeit war sie nur ein Abfallstoff, aber eben doch entdeckt, vorhanden und musste verwaltet werden. Leider rückte sie damit als eine entsetzliche Möglichkeit in unser Bewusstsein. Sie wurde Hauptbestandteil des Zyklon B, mit dem in deutschen Vernichtungslagern Menschen andere Menschen ermordeten. Bei Kriegsende dann nutzten etliche Besiegte Zyankali, ein zur Blausäure gehöriges Salz, als letztes Fluchtmittel.

Das Gift der bitteren Mandel ist nah dran an dem, was wir das Böse nennen. Doch der Mandel selbst dient es nur als Schutz, in geringen Dosen kann es erlesene Würze sein, und nicht wenige würden schwören, dass es ein Hirngespinst ist, weil sie es nie gespürt haben. Zum Grauen wird es erst, wenn man es sammelt und dann nicht recht weiß, wohin damit. Erlauben wir also keinem Gift, sich anzureichern. Damit nicht am Ende irgendwer eine Möglichkeit darin sieht.

Die Christrose

An einer Christrose muss man sterben wollen. Sie ist hochgiftig, schmeckt aber so kratzend, dass niemand sie versehentlich verspeisen würde. Mit ihrem scharfen Geschmack unterläuft sie außerdem das Prinzip der Heimtücke, weswegen sie für Giftmischer unbedeutend bleibt. Interessant ist die Christrose trotzdem. Das hängt mit dem erwähnten Kratzen zusammen. Ihr älterer, weniger gefälliger Name weist auch direkt darauf hin: Die Christrose hieß früher Nieswurz. Ein Pulver, aus ihr hergestellt, provoziert heftiges Niesen. Viele hunderte oder sogar tausende Jahre lang wurde die Pflanze in großen Teilen Europas angebaut und pulverisiert. Sie war so beliebt, dass mehrere eingeschleppte Unterarten verwilderten und jetzt Teil der natürlichen Pflanzenwelt ihres Landes sind.

Ja: Unsere total authentische Hygge-Weihnachts-Outdoor-Deko hatte ein jahrtausendelanges Erstleben als Niesmittel. Nur: Wieso? Ist doch das Niesen eine lästige, schleimige Sache und überträgt fiese Krankheiten. Außerdem ist die Einnahme einer hochtoxischen Substanz nicht ungefährlich. Wieso haben Generationen von Menschen dieses Risiko auf sich genommen?

In der Antike und im Mittelalter galt das Niesen als etwas Großartiges. Wenn man sich die herumfliegenden Bakterien wegdenkt, tut es ja auch echt gut. Danach hat man praktisch jeden Muskel in seinem Körper bewegt. Niesen erfrischt und beruhigt. Darum glaubte man früher, dass es Heilkraft besitzt. Niesen wurde immer dann empfohlen, wenn Kranke zur Vernunft kommen sollten. Man versuchte, Geisteskrankheiten damit zu kurieren. Gesunde Menschen aus dieser Zeit brauchten das Niesen natürlich nicht als Medizin. Aber sie genossen es trotzdem. Es war beliebt und wurde nicht unterdrückt. Es bedeutete sogar etwas, nämlich »Ja! Stimmt!«. In sehr alten Geschichten wie der Odyssee kann man das nachlesen, dort werden Aussagen und Vereinbarungen »beniest« und so zutiefst bejaht. Denn ein Niesen ist immer wahr. Es überkommt einen einfach. Man kann es nicht steuern.

Es sei denn, man hätte gerade zufällig eine Christrose zur Hand.

Das Pfaffenhütchen

Einst war die Natur beseelt, dann stellte sich heraus, dass Berge nicht aus böser Absicht Feuer speien und nicht auf jedem Wasserhahn eine Quellnymphe sitzt. Diese Erkenntnis verursachte eine gewisse spirituelle Leere, die inzwischen von Homöopathen und Neo-Schamaninnen ertragreich genutzt wird. Aber muss wirklich jede Leere gefüllt werden?

Nehmen wir das Pfaffenhütchen. (Der mancherorts gebräuchliche Name Pfaffenhödchen bezieht sich auf regionale moralische Eigenarten der jeweils ansässigen Geistlichkeit und ist hier nicht von Bedeutung.) Heute ist es eine Zierpflanze mit albernen Namen. In den alten Zeiten hingegen war der Strauch gefürchtet. Damals versammelten sich im Herbst Dämonen um das Gehölz, und es durfte nur vorsichtig benannt werden. Keinesfalls wollte man die Aufmerksamkeit der bösen Geister wecken. »Euonymus«, bis heute die botanische Bezeichnung der gesamten Gattung, stammt von den alten Griechen und bedeutet »von gutem Ruf«, was sicher ironisch gemeint war, vor allem aber harmlos klingen sollte, sodass nicht doch irgendein Teufel gereizt wurde.

Nun war der Euonymus eigentlich eine Nutzpflanze, aus seinem harten Holz wurden Handspindeln gefertigt, er kann zu Zeichenkohle gebrannt werden und half als Pulver gegen Bettwanzen. Im Herbst leuchtet er in rotem Laub und behängt sich bis in den Winter hinein mit knallorangen Beeren in pinken Hüllblättern. Sie sind giftig, aber niemand würde sie aus Versehen essen. Höchstens dann, wenn ein Dämon seine Hand im Spiel hat. Denn leider kann die deutliche Warnfarbe auch heimliche Killerinstinkte wecken. Die Beeren schmecken süß und wirken erst nach Stunden. Vor der Einführung wissenschaftlicher Polizeiarbeit waren sie das ideale Anschlagsgift. Dämonen aus aller Welt saßen jedes Jahr mit glänzenden Augen rund um die bunten Sträucher herum, um Mörder zu machen.

Und diesen Mördern haben die alten Griechen bewusst spirituelle Leere entgegengehalten. Den Dämonen einen Namen zu geben hätte nämlich nur bedeutet, sie zu etablieren und den Weg zu versperren für die bessere Erklärung. Für die Wissenschaft, die Mörder auch überführen kann.

Die Stechpalme

Was ist stärker: Sinn oder Gewohnheit? Religion oder Ort? Fest oder Festtagsdeko? Die Antwort ist gar nicht so einfach. Es gibt viele Belege dafür, dass neue Kirchen über versunkenen Heiligtümern gebaut werden und dass Feste stets an Tagen stattfinden, die eine lange Feiertradition haben. Das Datum ist oft stabiler als der Anlass. Tatsächlich gibt es sogar Festschmuck, der Religionswechsel übersteht. Ein solcher ist die Stechpalme.

Die Stechpalme ist eine Burg. Sie ist kompakt gebaut und wird für einen Strauch sehr alt, etwa dreihundert Jahre. Rundherum trägt sie harte, stachelige Blätter und giftige Beeren, außerdem verbreitet sie sich über Sprosse und kann schnell undurchdringliche Gebüsche bilden. Doch ihre ganze Bewehrung, ihr Wuchs, ihr dichtes immergrünes Laub, ja sogar das Gift ihrer Beeren dient nur dem Schutz.

Was schützt sie?

Nichts Geringeres als den Frühling. Stechpalmen sind Winterquartiere nicht nur für viele Vogelarten, sondern auch für Zitronenfalter, die Frühlingsboten schlechthin. Außerdem reifen die glänzenden Stechpalmenbeeren erst nach ein paar Nachtfrösten. Sie sind tödlich für alle – außer für Vögel. So können die sich mit wertvollem Futter über die kalte Zeit retten. Und charmanterweise besitzen die Blätter der Stechpalme nur im unteren Bereich Stacheln, bis in die Höhe, in die ihre Fressfeinde reichen. Die Blätter darüber sind glatt, dort oben kann sie sein, wie sie wirklich ist: freundlich.

Und da das alles so ist, da diese Pflanze eine große Stärke, ja Magie ausstrahlt, wurde sie schon im alten Rom als Festschmuck für die Saturnalien genutzt. Diese fanden im Dezember statt und waren das wichtigste Fest. Alle Römer nahmen teil, beschenkten sich, feierten und schmückten ihre Häuser. Aus dieser Tradition ging unsere Weihnachtskultur hervor, und auch heute noch sind Stechpalmenzweige ein Symbol für das Winterfest. Woraus wir eventuell lernen sollten, dass es müßig ist, sich wegen Religionen zu kloppen. Am Ende ist das Solideste an der ganzen Sache vielleicht wirklich die Tischdekoration.

Die Amaryllis

Die Amaryllis ist eine erstaunlich geschätzte Zierpflanze dafür, dass sie im floristisch bedeutsamen Zustand vom Erscheinen der Knospe bis zu deren Aufbrechen eine unübersehbare Ähnlichkeit mit einem Phallus besitzt und dann während der Blütezeit so viel Gift in sich konzentriert, dass man eine ganze Gartenratgeberredaktion mit einem einzigen Exemplar hinmeucheln könnte. Eine spannende Frage wäre, weshalb beides von Floristinnen und Fensterbankbesitzern fast völlig ausgeblendet wird. Möglicherweise ist es eine Art Mein-schöner-Garten-Keuschheitstest, den ich hiermit nicht bestanden habe. Dem Reinen ist alles rein und so. Mag sein. Ich möchte es nicht vertiefen, denn das eigentlich Interessante an der Amaryllis ist etwas ganz anderes.

Die Amaryllis ist eine Pflanze, die sich auf unserer Welt zweimal entwickelt hat. Die eine Gattung, Hippeastrum, stammt aus Südamerika und ähnelt der anderen, Amaryllis aus Südafrika, so sehr, dass es lange Zeit nur einen Namen für die beiden gab, nämlich eben Amaryllis. Man hielt sie für enge Verwandte, das sind sie aber nicht. Sie sind nur Doppelgängerinnen. Mit einer fast unglaublichen Ähnlichkeit. Beide besitzen eine Zwiebel, aus der sich im südlichen Sommer, unserem Winter, besagte blattlose Knospe schiebt. Beide haben lilienartige Blüten ähnlicher Form und Farbe, werden auf dieselbe Art bestäubt, beide haben vergleichbare Ruhephasen und sie sind beide hochgiftig. Es ist eine erstaunliche Sache, aber am Ende doch nicht ganz so ungewöhnlich. Wahrscheinlich haben wir alle irgendwo einen Doppelgänger. Und, um noch einmal auf den Keuschheitstest zurückzukommen, wir haben auch alle unsere dunklen Seiten. Vermutlich sind wir uns ähnlicher, als uns allen lieb ist. In diesen Zeiten, da überall »Fremde« ausgemacht werden, sollten wir das bedenken. Eventuell ist es momentan sogar besser, wie ein Amaryllisgärtner über alles nicht akut Abgründige hinwegzusehen und sich auf die Blüte zu konzentrieren. Nicht jede Fehlersuche bringt die Welt weiter. Blumen haben da größeres Potenzial.

Der Hanf

Ich wage ihn kaum eine Giftpflanze zu nennen. Es wird mich Sympathien kosten. Geschätzte Menschen werden an meiner freiheitlichen Gesinnung zweifeln. Andererseits hab ich Kinder, denen ich zuweilen einschärfe, dass alles THC-Haltige uncool, asi, entwicklungsschädigend, persönlichkeitsverändernd, suchterzeugend, teuer, ungesund und gefährlich, kurzum: giftig ist.

Und was stimmt jetzt? Ist Hanf giftig? Wäre ja schon schön, wenn wir das hier ein für alle Mal klären könnten, auch wegen der Legalisierungsfrage und so. Also. Tatsächlich ist es unmöglich, an einer Überdosis THC zu sterben. Insofern ist Cannabis gesünder als Alkohol, denn totsaufen kann man sich sehr wohl. Außerdem wird Hanf seit Urzeiten für vernünftige Dinge genutzt. Erst Anfang des 20. Jahrhunderts wurde diese komplett verwertbare Medizin-, Nahrungs-, Faser- und, ja, Rauschpflanze tief in die Schmuddelecke gerückt und verboten. Cui bono, fragt man sich da, wem nützte diese plötzliche Prohibition? Hauptsächlich den Pharmafirmen Merck und Bayer und dem Amerikaner William Randolph Hearst. Merck und Bayer hatten damals vielversprechende neue Produkte am Start: Heroin (Bayer) und Kokain (Merck). Ohne Cannabis, das um die Jahrhundertwende in fast jedem Schmerzmittel steckte, war der lohnende Markt dafür frei. Der Medienmogul Hearst wiederum organisierte mit rassistischen Eiferern eine sehr erfolgreiche und perfide Kampagne gegen »farbige« Marihuanakonsumenten. Perfide deshalb, weil Hearst auch Waldbesitzer und Papierproduzent war und die billige Hanffaser sein größtes Konkurrenzprodukt darstellte. Tatsächlich schafften es diese wenigen Lobbyisten, den Hanf zusammen mit dem weit gefährlicheren Opium in vielen Ländern verbieten zu lassen.

So. Und was sag ich jetzt meinen Kindern? Geht kiffen? Mach ich nicht. Die Welt ist ohne Drogen viel schöner. Aber dieses sinnlose Verbot müssten wir trotzdem aufheben. Hanfsamen sind nämlich lecker, Hanfseile stark und Hanfklamotten zweifellos umweltfreundlicher als die aus Baumwolle. Zudem ist THC ein hochpotentes und ungefährliches Schmerzmittel, und der Rausch – also wenn schon, dann echt lieber den, der nicht aggro, sondern friedlich und happy macht. In diesem Sinne: Peace, Geschwister. Habt ein chilliges neues Jahr.

Über die Autorin

Monika Geier, geboren 1970, veröffentlichte bei Ariadne bislang acht Kriminalromane. Außerdem schreibt und illustriert sie eine monatliche Giftpflanzenkolumne für die »Pirmasenser Zeitung«, aus der dieses Buch hervorgegangen ist. Ihre Leidenschaft für die Natur wurde früh von der Verwandtschaft geweckt (Waldexkursionen mit Opa) und sinnvoll genutzt (Gartenarbeit bei Tante Sophie). Heute lebt sie in der Südwestpfalz und besitzt einen großen, wilden Garten, in dem sich mehrere giftige Gewächse angesiedelt haben.

Deutsche Originalausgabe
Alle Rechte vorbehalten
© Argument Verlag 2021
Glashüttenstraße 28, 20357 Hamburg
Telefon 040/4018000 – Fax 040/40180020
www.argument.de
Illustrationen: © Monika Geier
Zeichnung auf Seite 5 nach einer Fotografie von Hilli Mann
Gestaltung: Martin Grundmann
Druck und Bindung: gugler* print, Melk
ISBN 978-3-86754-408-5
Erste Auflage 2021

www.gugler.at

Cradle to Cradle Certified™ Pureprint
innovated by gugler*
Gesund. Rückstandsfrei. Klimapositiv.
© www.gugler.at